अंतर्मन का शंखनाद

KAVITA SANGRAH

संदीप सविताप्रकाश शर्मा

<u>अंतर्मन का शंखनाद (कविता-संग्रह)</u>

मैं 1989 से कविताएं लिख रहा हूँ , 15 साल की उम्र से। लेकिन यह मेरी निजी डायरी में था। कविता मेरे पास 2002 के बाद ही गंभीर लेखन के रूप में आई, जब मेरे जीवन साथी ने मुझे एहसास दिलाया कि मैं जो लिखता हूँ वह हम में से अधिकांश के समझ में आता है,और सार्वभौमिक रूप से समझ में आता है और सभी को प्रेरित करता है। फिर यात्रा एक कवि के रूप में शुरू होती है।

मैंने अपनी पहली किताब 2016 में लिखी थी। मेरे अनुसार कविताएं जीवन के आपके अपने अनुभव हैं - सफलता और विफलता , स्वीकृति और अस्वीकृति , प्रेम और घृणा, जीवन और मृत्यु। आगे बढ़ो और रुको। मेरे लिए कविताएं संचार के पुलों को काफी प्रभावी और शक्तिशाली जोड़ रही हैं और बड़े पैमाने पर समाज और राष्ट्र को प्रेरित करने के लिए इस्तेमाल की जा सकती हैं। यह मेरे जीवन की यात्रा है, और एक तरह से किसी के जीवन में कई सच्चे विश्वासों पर आधारित है. मुझे यकीन है कि आप मेरे जीवन की इस यात्रा में मेरा साथ देना पसंद करेंगे. मैं आप सभी को धन्यवाद देता हूँ |

मैं अपने माता पिता को प्रणाम करता हूँ , एवं आभार व्यक्त करता हूँ ,की जीवन की नींव जिन विचारों पर आधारित हो मज़बूत ईमारत हैं ,उसमे माता -पिता का योगदान अहम् हैं। मैं यह कविता संग्रह अपने जीवन में संपर्क में आये हर उस इंसान को समर्पित करता हूँ जिससे में जाने अनजाने कोई प्रेरणा ले अपने जीवन पथ पर अग्रसर रहा। कुछ कविताएं मैंने अपने पुत्र रत्न - नव्य शर्मा के लिए लिखी हैं जो उसे प्रेरणा देने , उसके एवं मेरे संवाद का अहम् हिस्सा है।

संदीप सवितप्रकाश शर्मा
अहमदाबाद -गुजरात ,इंडिया

ईमेल: संदीपसावित्रप्रकाशशर्मा@ gmail.com

क्रम-सूची

क्रम-सूची

भूमिका

अंतर्मन का शंखनाद(कविता-संग्रह) -

संदीप सवितप्रकाश शर्मा

इस पुस्तक के रचयिता संदीप सवितप्रकाश शर्मा राजस्थान के सूरजगढ़ मूल निवासी हैं। जन्म १५ दिसंबर १९७३ को सूरजगढ़ , राजस्थान ,

मैं हुआ। उन्होंने इलेक्ट्रॉनिक्स एंड स्पेस साइंसेज में स्नातकोत्तर की डिग्री गुजरात विश्वविद्यालय, अहमदाबाद प्राप्त की है।तदुपरान्त उन्होंने मैनेजमेंट में स्नातकोत्तर की डिग्री गुजरात विश्वविद्यालय, अहमदाबाद से प्राप्त की है। तदुपरान्त औद्योगिक क्षेत्र की सेवाओं से जुड़कर , मैग्नम ओपस इंटरनेशनल ,कंपनी , अहमदाबाद , के मैनेजमेंट एंड रिसर्च विभाग में लगभग 25 वर्ष से डायरेक्टर पद पर सक्रिय योगदान दे रहे है। इसी अवधि के दौरान एक्सपोर्ट-इम्पोर्ट एंड फॉरेन ट्रेड में पोस्ट ग्रेजुएट डिप्लोमा, पोस्ट ग्रेजुएट डिप्लोमा इन कंप्यूटर एप्लीकेशन की उपाधि गुजरात विश्वविद्यालय (अहमदाबाद) एवं सेंट सवियर्स कॉलेज अहमदाबाद से प्राप्त की है।

संदीप सवितप्रकाश शर्मा की पहली पुस्तक -हैडमास्टरजी - द मैन विथ लिटरेसी मिशन , सं २०१६ में प्रकाशित हुए , एवं अमेज़न पर बेस्ट सेलर की श्रेणी में आती है। लेखक ने अपनी ज़िन्दगी से शुरुआती ५ वर्ष (बचपन) ही अपने दादा के साथ अपने गांव सूरजगढ़ में बिताये , पर उनका अपने गांव से असीम प्रेम उनकी कविताओं में खूब उभर के आता हैं उनकी साहित्य एवं लेखन में स्कूली शिक्षा के आरम्भ से ही गहरी रूचि है। इनकी कविताएं एवं लेख विभिन्न समाचार पत्रों में प्रकाशित हुए हैं। आप पिछले ३८ साल से अहमदाबाद में रहते हैं।

संपर्क :

संदीप सवितप्रकाश शर्मा

M:+919824032387

अहमदाबाद -गुजरात ,इंडिया

ईमेल: sandeepsavitaprakashsharma@gmail.com   ;
sandyshar15@gmail.com ;

अंतर्मन का शंखनाद(कविता-संग्रह)

आमुख

प्रिय श्री संदीप सविताप्रकाश शर्मा,

आपकी कविता संग्रह की पुस्तक को प्रकाशक के माध्यम से स्वीकार करने के लिए बहुत-बहुत बधाई। यहां तक कि मैं हमेशा उन कविताओं के साथ तल्लीन रही हूं जो आपने पहले बताई हैं, और मुझे पता था कि आखिरकार कुछ संपादक आपके अनुभव को देख सकते हैं और आपकी कविताओं को बहुत व्यापक दर्शकों के लिए जान सकते हैं।

मुझे पता है कि आपकी पुस्तक को उस मंच पर लाने के लिए प्रेरक कविताओं को जीवंत करने के लिए आपके जीवन के कई कठिन प्रयास और महान अनुभव लगे हैं, और मैं काफी सकारात्मक हूं कि यह सभी लोगों के लिए प्राथमिक साबित होगा। मैं आपको इस प्रयास के लिए बधाई देती हूं, और चाहती हूं कि आप कई और किताबें लिखें और प्रेरणा की मोमबती को जलाए रखें।

एकता शर्मा -अहमदाबाद विश्वविधालय

प्रस्तावना

अंतर्मन का शंखनाद -काव्य संग्रह

अंतर्मन का शंखनाद (कविता संग्रह) मेरी भावाभिव्यक्ति है। जीवन में जो घटित हुआ, अनुभव किया एवं प्रभावित हुआ, यही मेरी रचनाओं का मूल विषय है।।

कलियुग की भोर ,चलना जारी रख ,पतंग , होंसला रख ,जीने के बहाने , होली फिर आने को हैं ,समुद्रमंथन सा यह जीवन ,उठ-जाग मुसाफिर ,जीवन चक्रव्यूह , हार-दी डेफेट, बहने दो मुज को बेपरवाह ,एक मोहलत -दो पल की , आदि बहुत सी रचनाओं का संकलन आपके हाथों में है जिसे आप तक पहुँचाकर गर्व महसूस कर रहा हूँ। मैं साहित्य की किसी विधा का ज्ञानी न होकर मात्र एक विद्यार्थी हूँ। अंतर मन में विभिन्न विषयों पर जो भाव उत्पन्न हुए, उन अंतर्मन का शंख नाद -पुस्तक में ही कागजों पर उकेरने का प्रयास किया हूँ।

हर एक कविता कुछ कहती है, सुनाती है, कभी साथ चले होंगे - ऐसा अहसास दिलाती है, जोड़ती है, प्रेरणा देती है - कर्त्तव्य पथ पर निडर चलने की, बचपन की यादों को ताजा करती है, चलते चलो-रूको नहीं का पाठ पढ़ाती है, प्रेम को सजीव करती है। अंतर्मन का शंखनाद (कविता संग्रह) आपके जीवन के कितने नजदीक है, इसका निर्णय आप पर छोड़ता हूँ।

1. अंतर्मन का शंखनाद

कलयुग की भोर है होने को, फिर रोशनी क्यों हैं खोई हुई ,

सूर्य उदित है होने को ,फिर चेतना क्यों है सोई हुई।

इच्छा प्रबल अग्रसर होने की , आँखें फिर क्यों हैं रोई हुई,

भावनाओ की गति हवा से द्रुत, फिर कर्म की गति क्यों हैं सोई
हुई।

जुबां पर है मिठास पान की , फिर संबंधों मैं खटास क्यों हैं पिरोई
हुई ,

सच्चाई को पीछे छोड़े ,झूठ का आवरण ओढ़े , खंजर सीने में दे
मक्कारी क्यों है बोई हुई।

ख्वाब बड़े बुन , कड़ी दोपहर में धूप चुन ,क्यूंकि रात तो खुद है
सोई हुई।

छोड़ डर को पीछे , विश्वास को चुन कह दे दिल की बात कर के
आवाज बुलंद।

क्यूंकि ख़ामोशी तो खुद है सोई हुई।

कलयुग की भोर है होने को, फिर रोशनी क्यों हैं खोई हुई ,

सूर्य उदित है होने को ,फिर चेतना क्यों है सोई हुई।।

साधनों की होड़ के बीच , हंसी जाने क्यों हैं रोई हुई ,

मन्दिरों में भीड़ बेशुमार , मन की आत्मा क्यों हैं सोई हुई।

दिवाली में पटाखों का शोर , नकली रोशनी चारों ओर,

मन में प्रीत, आँखों मैं आस की डोर ,जाने क्यों हैं टूटने की ओर।

कलयुग की भोर है होने को, फिर रोशनी क्यों है खोई हुई ,

सूर्य उदित है होने को ,फिर चेतना क्यों है सोई हुई।।।

सत्य दिखे निर्बल सा बेज़ुबान,

झूठ की प्रभात फेरियां चारों ओर।

राममंदिर निर्माण के युग में ,पाखाने बनने का शोर -चारों ओर।
सुबह की प्रभात-फेरियों का स्वर हुआ नदारद वर्षो से,
अब तो रात में महफ़िलो का दौर,बढ़ रहा हैं चारो ओर।
ज्ञान बिक रहा बाजारों में, अज्ञानी ऊँचे पद पर हैं सीन,
दान की महिमा हो रही दर-बदर ,मान की गरिमा खो रही इधर
उधर ,
आत्मा कुंठित मन बेचैन,अंतर्मन कर रहा शंखनाद,आपातकाल का
स्वर हर ओर,
क्या करवट ले रही है भोर मच रहा है कैसा शोर।
कलयुग की भोर है होने को, फिर रोशनी क्यों है खोई हुई ,
सूर्य उदित है होने को ,फिर चेतना क्यों है सोई हुई।।।।

----

2. हर वक़्त राह तेरी

हर वक़्त मुझे चाह रहती है तेरी,

घडी बार-बार देखूं ,राह हर पल रहती है तेरी।

रातों से शुरू होती हैं मुलाकात ,

ख़्वाबों में होती हैं लम्बी बात।

एक करवट में हो जाती है सुबह ,

आँख खुलते ही ओझल हो जाती तू कहाँ।

आईना जो देखूं नज़र आती है खड़ी,

पलक झपकते ही खुद पर हंसी आती है बड़ी।

खुद में तुमको देखने की आदत है लगी ,

ना दिखने पर ज़िन्दगी आफत सी लगी।

सुबह घर से बाहर निकल, चलता हूँ दो कदम ,

खुद से बात करूँ ऐसे ,जैसे तुम साथ हरदम।

हर वक़्त मुझे चाह रहती है तेरी,

घडी बार-बार देखूं ,राह हर पल रहती है तेरी।

दोपहर को मैं ठहर राा जाता हूँ ,

सब काम छोड़,मिलना तुमको चाहता हूँ।

भूखा-प्यासा रहकर भी, हँसता सदा रहता हूँ,

तुम्हारे ख़्याल में बहता सदा रहता हूँ।

तुम को ढूंढ़ते-ढूंढ़ते खो ना जाऊं खुद कहीं ,

बात बावरा दिल,यह मानता ही नहीं।

हर वक़्त मुझे चाह रहती है तेरी,

घडी बार-बार देखूं ,राह हर पल रहती है तेरी।

सूरज ढलने को है,सांझ मेरी तेरे बिन होती ही नहीं ,

तुम से मिलने का इंतज़ार,मिलकर फिर करना हैं इज़हार।

अँधेरा हो गया हैं , थक सा गया हूँ ,
तुम से मिलने की आस हैं अभी बाकी।
रात होने को है, ख़्वाबों में मुलाकात फिर होने को है ,
रूबरू होकर तुमसे , एक बात होने को है,
एक यादगार मुलाकात होने को है।
हर वक़्त मुझे चाह रहती है तेरी,
घड़ी बार-बार देखूं ,राह हर पल रहती है तेरी।

----

3. होंसला भर लूँ

सोचा,

करवटें बहुत ले चुकी ज़िन्दगी,

अब चैन की सांस थोड़ी ले लूँ।

आराम थोड़ा तू कर ले ,

अपने मन को मैं थाम लूँ।

बहुत हो चुकी तक़दीर की रोक-टोक,

अपने वक़्त को खुद ही थाम लूँ।

बहुत चला लिखे पतों पर, औरों के,

अब खुद अपना आयाम लूँ।

दिल तो अभी धड़क रहा लगातार ,

लहू नसों में दौड़ रहा, वफादार ,

फिर क्यों मैं बैठूं थक कर ,

सफ़ेद हैं चाहे बाल पककर ,

फिर कमर पर अपना सामान बांध लूँ ,

हारा हुआ क्यों आप मान लूँ ।

एक निश्चय आज करूँ फिर ,

काल से ,मैं क्यों डरूँ?

एक आस अभी है बाकी,

कुछ करने की प्यास अभी है बाकि।

बाकि है अभी एक ऊँची उड़ान ,

दिल में कुछ करने की ठान लूँ।

मंज़िल तक जाने के बीच में ,

दरिया में बाकी तूफ़ान ,

मेरी नसों में बाकी है, लहू का उफ़ान।

देखा बहुतों को थक कर बैठे ,
फिर चलना,आ संग उठे।
आगे बढ़ने का फैसला कर लूँ ,
शिखर पर चढ़ने का होंसला भर लूँ।
मायूसी को कर दरकिनार ,
जोश अपने अंदर भर लूँ।
आवाज़ें कितनी भी दे अतीत,
मंज़िल की ओर अगला कदम चल लूँ।
चाहे कितनी यादें टोके,
मुश्किलें जितने भी राहें रोके ,
कदमताल खुद से मिला के ,
चल मिलकर पूरी ताक़त झोंके।
अतीत की आवाज रो रही,
चलने की गति धीमी हो रही ,
अविरल आज में चल के,
विजयश्री का तिलक में कर लूँ,
आने वाले सुबह की सुनहरी किरणों को,
अपने जीवन में मैं भर लूँ। जीने का होंसला भर लूँ।
जीने का होंसला भर लूँ। जीने का होंसला भर लूँ।।

4. चलना जारी रख

धुंध ने रास्तों को है रोका ,

अंधकार ने ख्वाबों को है टोका ,

हॊंसला तू रख , चलना जारी रख ।

पथरीले हैं रास्ते , ठोकरों से मत थक,

बुलंदिओं को तुझे है छूना,

हॊंसला तू रख , चलना जारी रख।

ऊँचे रख हॊंसले , रख पंखी से घोंसले,

पंख तू फड़फड़ा , भर आसमान मैं उड़ान,

सारे जहां में छोड़ तू अपने निशान ।

हवाओं से तू ले प्रेरणा, घटाओं से सीख अड़े रहना-खड़े रहना,

चट्टानों-सी मजबूती रख, सफ़लताओं का तू स्वाद चख।

हॊंसला तू रख, चलना जारी रख।

सूरज से तेज़ चमक, आसमान पर छा जा,

बादल कितने भी हों विशाल,

सूरज की किरणों-सा सूक्ष्म , तू उनको छलनी करता जा।

आंखों मैं ख़्वाब रख, ऊँचा अपना रुआब रख ,

अपनी नाक पर गुरुर रख के, सफलताओं का तू स्वाद चख ,

मंज़िल हैं तेरे करीब,तो रास्तों पर अपना दबदबा रख।

मंज़िल से पहले मत रुक, मुसीबतों के सामने मत झुक ,

हॊंसला तू रख , चलना जारी रख।

पड़ाव बहुत आएँगे ,

अँधेरे चारों ओर छाएंगे ,

भटकना जज़्बात चाहेंगे ,

सूरज की ओर देख लेना ,

ख़्वाब फिर याद आएँगे ,
आसमान मैं छाना है तेरी नियति ,
निरंतर चमकना, निरंतर जलना ,
निरंतर तपते रहना , बिना रुके बस चलते रहना।
तेरी रोशनी से जहाँ सारा होगा रोशन एक दिन ,
ख़ुदा को भी होगा तुझ पर यकीन एक दिन।
मंज़िल से पहले मत रुक, मुसीबतों के सामने मत झुक ,
हौंसला तू रख , चलना जारी रख।

----

5. जीने की वजह

यूँ मायूसी में ही धीमी हो रहीं थी साँसे ,
तुमने मुस्कुराकर जीने की वजह दे दी।
यूँ ही कहते फिरते थे ज़माने से दास्तान अपनी ,
तुम्हारे होठों ने दर्द को सीने की वजह दे दी।
ज़ख्म हज़ार खा कर बेपरवाह थे हम ,
दर्द को महसूस करने की तेरे इश्क़ ने , वजह दे दी।
यूँ तो ज़िन्दगी ख़त्म होती तुम्हारी राह में ,शायद ,
तुमसे मिलने के वादे ने , उन लम्हों को जीने की वजह दे दी।
ख़ामोशी में गुजर जाती ज़िन्दगी यूँ ही
तेरी गुफ्तगूं ने सब्र की वजह दे दी।
यूँ तो कातिल ज़माना, हमारी नज़रो से डरता बेवजह ,
तुम्हारे चेहरे के लाल रंग ने क़त्ल खुद होने की वजह दे दी।
ज़िन्दगी यूँ ही चल रही थी बेमानी ,
तेरी याद ने हमे फ़रियाद की वजह दे दी।
हर ख्वाहिश ख़त्म हो चुकी थी जीने की ,
तेरे मिल जाने ने , बुलंदी को फिर पाने की वजह दे दी।
यूँ ही सुनसान सा चल रहा था सफर यह ,
एक मुलाकात ने सड़को को सजने की वजह दे दी।
लौ दियों की बुझने पर थी आमादा ,
गीतों ने तेरे बाती को फिर जलने की वजह दे दी।
यूँ ही दौड़ रहा था लहू नस-नस में ,
तुमने बहने की उसको वज़ह दे दी।
ये पैर रोज ही चलते थे बेवज़ह , थकने को ,
तुमने ख़्वाबों तक चलने की इनको वज़ह दे दी।

जाम रोज ही सिसकते ,बंद तालो में ,
तुमने मयखानों को खुलने की वज़ह दे दी।
नींद यूँ ही बेवज़ह रोज़ आती आँखों तक ,
तुमने इन्हे ख़्वाब सजाने की वज़ह दे दी।
बातें रोज़ ही करते भूलने-बिसरने को ,
तुमने अफ़सानो को सुनने की वज़ह दे दी।
यूँ तो दुश्मनी थी ज़माने से हमें ,
मजनूं तुमने बन जाने की वज़ह दे दी।
यूँ तो नफरत थी चिठ्ठियों - किताबों से हमें ,
तुमने पैगाम लिख जाने की वजह दे दी।
यूँ तो हँसते ज़ख्म थी जिंदगी मेरी ,
तेरी हमदर्दी ने रोने की वजह दे दी।
यूँ तो बेपरवाह घूमा करते थे, सड़कों-चौराहों तक ,
तेरे इंतजार ने अब बंद दरवाजो में खुलने की उम्मीद भर दी।

----

6. होली फिर आने को हैं

फागुन के माह में बसंत छाने को है,

झूमो ,नाचो गाओ , होली आने को है।

होली में अपनों का संग , मौसम में कैसी उमंग ,

प्रकृति में रंग छाने को हैं , होली आने को है।

आसमान के कैसे हो गए इंद्रधनुषी रंग- लाल ,नीले , पीले ,

भंवरा बोला- खुशियों का माहौल है जी ले।

गिले-शिकवे , अब भूल जाने को है यार होली आने को है।।

हवाओं में उठ रहा है शोर , " होली हैं " की गूँज - देखो चारों ओर

;

अद्भुत है रंगों का रेला , मधुर मिलन का है यह मेला।

प्रेम रंग में सब लथपथ , संगीत की थिरकन है हर ओर ,

कुदरत ने बिखेरी है मस्ती की खुशबू चारों ओर ।

भांग में मिले जब ठंडाई , सब तरफ मस्ती है छाई ,

कुदरत की ये कैसीआभा ,कण-कण में संगीत है जागा,

फूल बागों में झूमें है , खुशबू फैली चारों ओर,

तितलियाँ करे नृत्य , नाच रहे हैं मन के मोर।

भँवरे बन गए संगीतकार , आकाश हो रहा गीतकार ,

बागों में खिल उठे गुलमोहर , आँखों को मिल रहा मन चितचोर।

सब गिले- शिकवे , अब भूल जाने को है, होली आने को हैं ।।

हवाएं फुसफुसा रही कानों में, रंग लगा दो अब गालों पर।

यह कैसा शोर गूंजे हर ओर ,

होली है , होली है - हर ओर ।।

हवाएं फिर करेगी शंखनाद , इन्द्रधनुष फिर छाने को है ,

त्योहारों में होली फिर आने को है।

जीवन का अन्धकार फिर जाने को है,
फागुन फिर आने को है ;
मौसम में रंग फिर छाने को हैं ,त्योहारों में होली फिर आने को है
।।।।

7. उठ जाग मुसाफ़िर

उठ जाग मुसाफ़िर, देख भोर हुई ,
क्यों सोया है ,तू अब तक,
क्यों खोया है , तू अब तक।
बीते कल के अंधकार में ,
तेरे मेरे के अधिकार में।
उठ जाग मुसाफ़िर , देख भोर हुई।।।
नया सूर्य हुआ रोशन इस पल ,
किस राह पर अटक गया कल ?
चुन राह नई , देख नया सफर ,
सामने तेरे खड़ा सुनहरा पल।
नया सफर है, उम्मीद नई ,
बीते कल से ले सीख नई
कल रात गई , सो बात गई।
मन में ले तू निश्चय नया ,
आगे बढ़ने का संकल्प नया ,
चाहे कितनी हो राहें मुश्किल ,
करनी होगी हर कोशिश मुमकिन।
मंज़िल चाहे हैं आँखों से ओझल ,
सफर हो रहा चाहे बोझल।
कदम तेरे ना रुकने पाए ,
शीश कभी ना झुकने पाए ।
वफ़ा अगर है तेरे वादों में ,
नेकी अगर है तेरे इरादों में ;
तूफानों को भी रुकना होगा,

आसमान को झुकना होगा ,
हर दुश्मन को थर्राना होगा ,
टूटेगी आज, हर ऊँची चट्टानें ,
समुन्द्र की लहरों को भी , सामने तेरे झुकना होगा।
मुश्किल हर आसान होगी।
चलते चलते थकना मत ,
आगे बढ़ना जारी रख।
बरसेंगे अंगारे पथ पर ,
तरसेंगे किनारे थक कर।
प्रचंड वेग तू बन पानी का ,
दरिया में हलचल पैदा कर ;
लहरों से टकरा के ,
मंजिल की ओर रुख़्सत कर।
लम्बा है सफर ये तेरा , ध्येय पर ध्यान तू रख ,
टूटेंगे कई सपने , छूटेंगे कई तेरे अपने।
रुकना मत ,झुकना मत,
मंजिल को छूने तक।
उठ जाग मुसाफ़िर , भोर हुई
क्यों सोया है कल के अन्धकार में ,
क्यों खोया हैं तकरार में,तेरे मेरे के अधिकार में।

----

8. खुद संग चल रहा हूँ

आज मन बावरा हो रहा है ,

भीड़ में ख़ामोशी से रो रहा है ।

नींद रातों से बगावत सी कर राही है ,

चैन बातों से अलग , जाने किधर सो रहा है ।

उनका साथ छूटे , बीते बरसों,

दौर यादों के पीछे, जाने चल रहा कब से।

यह वक़्त भी अचानक से बदल जाता है ,

उजालों की चमक छोड़ , अंधेरो से जोड़ जाता है ।

होठों की हंसी को नाम आँखों में छोड़ जाता है ।

आज मन बावरा हो रहा है ,

भीड़ में ख़ामोशी से रो रहा है ।

यह रिश्ते सारे मेरे मुझ से दरबदर हो रहे हैं ,

यह बेगाना सफर अपना , शुरू इस क़दर हो रहा है ।

कुछ साँसे अपनी , अब समेटना चाहता हूँ ,

खूबसूरत कुछ मंजर , खुद में लपेटना चाहता हूँ ।

सफर अपना , देखो अपने आप चल पड़ा है ,

कदमों को अपने बस टोकना चाहता हूँ।

आगाह खुद को कर रहा हूँ ,

कुछ दूर बस अपने संग चल रहा हूँ।

----

9. सीख ले

हवा से चारों और फैलना ,
पहाड़ों से अडिग रहना , सब सहना ;
लहरों से बिछड़ के मिलना ,
नदियों से निरंतर बहते रहना - सीख ले।
गुरु से निस्वार्थ ज्ञान का दान ,
चेलों से पढ़ना, जीवन में आगे बढ़ना -सीख ले।
बारिश से बेख़ौफ़ गिरना ,
पानी से घुलना-मिलना -सीख ले।
फूलों से खिलना ,सदा मुस्कुराना ,
खुशबू से बहना और बिखरना ;
हवाओं से लहराना , पत्तिओं से सरसराना ,
भंवरों से खुश रहना , गुनगुनाना -सीख ले।
दीयों से रोशन करना, बाती से खुद जलना ,
सूरज से आसमान में चमकना , निरंतर जलना ;
आकाश से ठहराव , पानी से बहाव ,
पृथ्वी से सब सहना, कुछ ना कहना ,
हवा से चलते रहना , ना रुकना -सीख ले।
अग्नि से जलना , पावन औरों को करना ,
वायु से प्राण देना , जीवन को।
त्याग और सत्संग , संत से ,
चींटियों से संघर्ष जीवन का करना ,
संगीत मनभावन बंसरी से , कंठ से गायन -सीख ले।
योद्धा से निरंतर लड़ना ,
देशसेवा में तत्पर रहना ,

कलम से सीख चुपचाप चलना सब कहना ,
स्याही से सुन्दर लिखावट करना ,
कागज़ से शब्दों को पिरोना ,
पुस्तक से संग एक में बांधना -सीख ले।

----

10. समुद्रमंथन है यह जीवन

समुद्रमंथन यह जीवन मेरा ,
एक तरफ है मन चंचल ,दूसरी तरफ आत्मा निश्चल।
देखे क्या निकले इस बारी ,
एक तरफ गति तेज मन की ,
और सामने कलियुग पर पाप भारी।।
मंथन से ही सब मिलता है यहाँ ,
देखें किसका चिंतन निरंकारी ;
कश्मकश यहाँ हर पल मंथन की,
क्या चाहे और क्या मिले इस बारी
माया वासुकि के फ़न पर बैठी है,
लालच की फुंकार है कारी।।।
धैर्य संग मंथन रख जारी ,
क्या पता हो अमृत इस बारी ,
सब के मन में है एक हरी मंदिर
जाने क्यों फिर मेरा मन भारी।?
एक तरफ चाह मदद की ,
दूजी ओर नीति ,कर्म दुराचारी।
है लम्बी इस जीवन मंथन की बारी ,
मन छूट रहा , तन टूट रहा इस ओर ,
उस ओर कुटिलता ओर झूठ है भारी।
हरिकृपा से ही सब संभव ,
धन कुबेर कुम्भ ,इस बारी ,
जीवन- मंथन बस रख तू जारी।
कर्म की गति बहुत है धीमी ,

शिथिल तन थका लगे हारी ,

ज्योति चक्षु से न हो ओझल ,

कलियुग वासुकि की मार है भारी ,

पर समुद्रमंथन है जीवन तेरा , मंथन तू रख करना जारी ,

पीयूष , इस बार तेरी ही बारी।

मन का है यह समुद्र मंथन , विचलित न हो तू ,

इस को करना , रखना तो जारी।

समुद्रमंथन यह जीवन मेरा ,

एक तरफ है मन चंचल ,दूसरी तरफ आत्मा निश्चल।

----

11. जीवन चक्रव्यूह

अभिमन्यु सा यह जीवन मेरा,
चक्रव्यूह सा जीवन का घेरा।
जन्म से शुरू हुआ यह फेरा ,
अनंत रिश्ते अनगिनत चारों ओर ,
फिर भी जीवन इसमें यूँ घिरा।
मोह माया में सब भटके हैं ,
अपने ही भ्रम में अटके है।
चक्रव्यूह में आने पर भी ,
भूल गया जाने का घेरा।
याद जब भी मैं करना चाहूँ ,
आगे उसपर मैं बढ़ना चाहूँ।
माया पर मोहित हो कर मैं ,
और गहरा में धंसता जाऊं ।।
अभिमन्यु सा यह जीवन मेरा,
चक्रव्यूह सा जीवन का घेरा। ।।
महाभारत सी स्थिति रची हर ओर,
न आरम्भ , न मध्य ,ना दिखे अंत का छोर।
सूर्य की पहली किरणें ,जब उगती पूरब की और ,
माया की चकाचौंध छा जाती देखो हर ओर।
गति जीवन की भ्रमित हो रही ,
चाहे है माया का अँधियारा , या हो रही है उजली भोर।
जीवन की रणभूमि में दिखे -एक तरफ रिश्तों की डोर ,
पलक झपकते ही दिखे प्रचंड शत्रु खड़े हर ओर।
जीवन की ये कैसी दुविधा ,

मिथ्या है यह सारी सुविधा।
मोह माया में भटके सब हैं ,
अपने ही भ्रम में अटके सब हैं।
शत्रुओं से जग लड़ने लगा ,
अपने मन से मैं लड़ूँ अभागा।
विचलित पग-पग पर सच्चाई ,
वो देखो भागे झूठी चतुराई।
अपनों से चली लम्बी लड़ाई,
अपने सपने प्रीत पराई।
अपने सपने अपनी इच्छा ,
कौन झूठा कौन सच्चा।
कान्हा तेरी बहुत याद आई ,
किस चक्रव्यूह में जान फंसाई।

----

12. नृत्य-जीवंत

जग मोहे समझे एक कृत्य ,
मैं हूँ एक जीवंत नृत्य।
जग मोहे समझे एक कृत्य ,
पर मैं हूँ एक जीवंत नृत्य।
लोग कहे है मुझको एक कला,
फिर क्यों मुझ पर जग मोहित भला ?
लोग समझे मुझे निष्प्राण अभिव्यक्ति।
पर मैं हूँ मानव की जीवन शक्ति।
जन्म हुआ शिव शक्ति संग -कहलाया नटराज देवों में ,
जब शक्ति रूप में प्रागट्य हुआ कहलाया, मैं तांडव।
महाभारत में भी मैं जीवंत रहा, चाहे हो कौरव पांडव।
अर्जुन संग जीवंत रहा तीरों में ,
शिव ने वरदान दिया गांडीव में।
भीम की गदा में किया जीवंत कृत्य,
हाँ, मैं हूँ। जीवंत मैं हूँ नृत्य।
प्रेम की पराकाष्ठा में कृष्ण राधा ,
वृन्दावन में महारास से ।
खेले प्रभु साखी संग दो बांस से।
प्रेम अमर कर दिया महारास से ,
कृष्णा जन्म का हुआ अवतारीअंत ,
मैं नृत्य - रास आज भी जीवंत।
चाहे कोई जीव हो या हो निर्जीव ,
मैं नृत्य सदा जीवंत रहा संजीव?
बागों में फूलों में मैं जीवंत।

फूल पत्ती में अत्यंत बलवंत मैं,
लहराना मेरी अभिव्यक्ति।
संगीत की तरंगों में मैं समाया।
होली के रंगों में मैं नहाया।
बच्चे की किलकारी मुझसे ,
माँ की लोरी जीवंत मुझसे।
जग मुझे समझे एक निर्जीव कृत्य मैं हूँ।
हाँ, मैं हूँ ,संजीव नृत्य।
यात्रा मेरी है अनंत लंबी।
मेरा जीवन है गगनचुम्बी।
मुझ से हुई पहचान भिन्न मानव संस्कृति।
मुझ बिन शेष अवशेष यह प्रकृति।
समुद्र में मेरा स्वरूप ज्वार-भाटा ,
लहरों संग मेरा अद्भुत नाता ।
भिन्न देश में अलग रूप मेरा।
कहीं डांडिया कहे ,कहीं रास ,कहीं काल बेलिया सपेरा।
चाहे हो पंजाब या कांगड़ा।
अपार प्रेम मिले, मैं हूँ भांगड़ा।
केरल में कहीं मुझको पोंगल, असम में बिहू।
राजस्थान में घूमर। और आगे क्या कहूं ?
गुजरात में मुझे कहीं गरबा।
बागान बेल पर झूमे सारा बर्मा ।
संगीत संग खुद को किया अर्पण।
नाट्य कला की अभिव्यक्ति का हूँ मैं दर्पण।
प्रेम की अभिव्यक्ति। है मुझसे?
निर्जीव कठपुतली हो जीवंत मुझसे।
मेरी थिरकन करे गीतों को जीवंत , वाद्य यंत्रो को भी करूँ
जीवंत।
संगीत की आत्मा मैं नृत्य,

सारा जग हो मुझमें शामिल ऐसा मैं सुखद नृत्य।
शब्द स्वर के लिए जिह्ववा करती है नृत्य।
अंगुलिया तबले पर नाचे ।
बांसुरी पर होंठों बिराजे ,
नीचे अंगुलियां सुर पर सजे
होठों पर गीतों का नृत्य
नृत्य जग के अंग-अंग में,
इस जग के हर रूप रंग में।
हर भावना की अभिव्यक्ति, मुझसे।
हर कृत्य की है अलग एक मुद्रा।
नृत्यकला है अपार भाव समुद्र।

----

13. युग परिवर्तन

यह युग परिवर्तन की बेला है ,

यह इस युग का मेला है।

हर एक में यहाँ एक कौरव ,

और कुंठित हर कौन्तेय का गौरव।

आज भी असहाय धर्म यहाँ पर ,

दूषित हैं हर कर्म यहाँ पर।

हर महाभारत की भूमि पर , अर्जुन खड़ा अकेला है,

हर माँ-बाप की आँखों पर पट्टी यहाँ पर ,हर गुरु का शिष्य अकेला

है।

राज पाट पाने को आतुर हर गुरु और चेला है ,

हर दुर्योधन के पीछे मामा शकुनि अलबेला है।

सारे अपनों की आहुति देकर भी ,

तनिक संकोच नहीं मन में ,

हर अपने की आहुति देकर भी ,तनिक संकोच नहीं मन में ,

रणभूमि में खड़ा अकेला , अपना पंचम लहराने को।

गोधूलि की बेला है ,

कैसा इस युग का मेला है ?

एकलव्य आज भी तप रहा अकेला,

सुविधा सारी मिल रही जिसे ,वो अर्जुन गुरु द्रोन का चेला है।

कौरव बनना आसान यहाँ पर, आतुर शकुनि चारों ओर ,

भीम सा बलशाली इस युग में , लगा हुआ कौशल अपना जताने

को,

धरम की व्याख्या बदलने में युग स्थिति है चारों ओर।

दिशाहीन अर्जुन हो रहे , अधर्मी युधिष्ठर सो रहे,

संस्कृति की लूट मशीन चारों ओर।
केशव तुम कब आओगे , धर्म रथ कब लाओगे।
धर्म बिखर रहा चारों ओर , मन कुंठित रो रहा सब ओर ।

14. हार-दी डिफीट

हार हूँ मैं ,

जीत में मिला तिरस्कार हूँ मैं ; हाँ हार हूँ मैं ।

हर जीत की परछाई ,

हार कर्म के फल की लक़ीर से छूट गया जो ,

हाहाकार हूँ मैं ।

जज़्बातों में जो पीछे छूट गया जो संसार से ,

वो बहिष्कार हूँ मैं , हाँ हार हूँ मैं ।

कठिन परिश्रम के बाद का अनचाहा उपहार हूँ मैं ,

प्रयत्नों पर फिरे पानी का साक्षात्कार हूँ मैं

मायूस होने में सदा मददकर हूँ मैं ,

जीवन का अनूठा संस्कार हूँ मैं , हाँ हार हूँ मैं , हार हूँ मैं।

मुझ में असीम संवेदना , फिर भी ना ले मुझसे कोई प्रेरणा ,

अनिच्छित श्रोता मेरे , ऐसा कथाकार हूँ मैं,

हाँ हार हूँ मैं, हार हूँ मैं।

बदले की भावना का जनक,

हर महाभारत के पीछे का शकुनि,

हर घमंड को तोड़ने का हथियार हूँ मैं,

हाँ हार हूँ मैं , हार हूँ मैं।

मुझ से बचके रहना , अनचाहा श्रृंगार हूँ मैं,

हाँ हार हूँ मैं, हार हूँ मैं।

समुद्र में ऊँचा उठकर , किनारे से पहले जो डूब गया वो ज्वर हूँ
मैं,

कोई ना बांधना चाहे नाव मैं वो फटी हुई पतवार हूँ मैं।

कोई ना करना चाहे वो कर्म का साकार हूँ मैं,

टूटे हुए सपनों का आकार हूँ मैं , हाँ हार हूँ मैं , हार हूँ मैं।
हर जीत की प्रत्यक्ष चकाचौंध के एक कदम पीछे खड़ा अंधकार हूँ
मैं,
हाँ हार हूँ मैं , हार हूँ मैं। हाँ हार हूँ मैं , हार हूँ मैं।
कोई ना जिसे चाहे वो ,बिना गीत का गीतकार हूँ मैं ,
हाँ हार हूँ मैं, हार हूँ मैं। हाँ हार हूँ मैं , हार हूँ मैं।
जीत की हर एक को चाह , जिसे कोई ना चाहे ,
वो निरुत्साह, निर्भीक, अनचाहा सिपाहसालार हूँ मैं ,
हाँ हार हूँ मैं , हार हूँ मैं। हाँ हार हूँ मैं , हार हूँ मैं।
मनोबल पर चलने वाली दोधारी तलवार हूँ मैं ,
जीत से जो ना जुड़ पाया ,वो अधिकार ,वो बिन मारे पड़ने वाली
मार हूँ मैं ,
विजयोत्सव जो मिलती तुमको ,वो धिक्कार हूँ मैं,हाँ हार हूँ मैं, हार
हूँ मैं। हाँ हार हूँ मैं , हार हूँ मैं।
मुझे सहर्ष जो स्वीकारे ,प्रेरणा मुझसे ले ,
उसकी अगली जीत का बन सकता हूँ सरकार में,
मेरी उपेक्षा ना कर तू , अगली बार के विजेता का हार हूँ मैं
,चमत्कार हूँ मैं ,
हाँ हार हूँ मैं , हार हूँ मैं। हाँ हार हूँ मैं , हार हूँ मैं।

----

15. बहने दो मुझको बेपरवाह

मुझ को मुझ तक रहने दो ,
जज़्बातों को ख़ामोशी से बहने दो ,
दिल तो एक दरिया है ,
मन को चट्टानों सा रहने दो।
सारे रिश्तो को तोड़ दो ,
मुझ को खुद तक छोड़ दो।
सांसें हो रही बेकाबू ,
हवाओं का रुख मोड़ दो।
बहने दो मुझ को बेपरवाह ,
दरिया का रुख मोड़ दो।
हवाओं को होने दो लापरवाह ,
वफाओं की परवाह छोड़ दो।
बंद आँखों में दरिया गहरा है ,
पकड़ ,मुझे झंझोड़ दो।
जो आंसू ना बन पाए मोती ,
उन्हें छींटों में निचोड़ दो।
सारे रिश्तों को तोड़ दो ,
परवाह जीने की छोड़ दो ।
मुझ से पता ना पूछो मेरा ,
बस मुझ को खुद तक छोड़ दो ।
लफ़्ज़ों में कहने को कुछ है ,
आँखों में बहने को कुछ है ।

बहुत परवाह हो गई मेरी ,
अब धूप में तड़पता मुझे छोड़ दो।
उज्जालों से कहो , ना झांके झरोखों से ,
क्यूंकि वफाओ ने अपने ठिकाने छोड़ दिए हैं।
कह दो कींवाड़ों से , ना छुपाए परछाई को अपने पीछे ,
दस्तकों ने दरवाजे खटखटाने छोड़ दिए हैं।
बादलों से कह दो की बिजलियों को भटकने ,
बारिश को अकेले छोड़ दो ,
यादों से कहदो निकल जाये , छोड़ दे मेरा दमन ,
मेरी तड़प को सीने में अकेला छोड़ दो।
सच्चाई के मंजर बहुत हो चुके ,
पत्थरों से कहो , अब आइने तोड़ दो।
बहने दो मुझ को बेपरवाह ,
अब दरिया का मुख मोड़ दो।
सारे रिश्ते तोड़ दो ,
मुझ को मुझ तक छोड़ दो।
जाम बहुत हो चुके संग संग ,
अब महफ़िलो को अकेला छोड़ दो।
दिल बहुत मचल चुके ,फूल खिल चुके अब बहुत ,
खुशबुओं से अब कहो , बहना छोड़ दे।

---

16. जीने का फिर मौका खुद दूँ

जिंदिगी थी बेरुखी ,बेज़ान और बीमारू ,

तुम ने खुद से किया मुझको रूबरू।

कितना कुछ तुम ने दिया ,

खुद को खुद से रूबरू किया।

देना चाहता मैं तुझको , जब ,जितना ,

वापस मिलता उससे दुगना।

सोचा तुमको तोहफा कुछ दूँ ,

जीने का फिर मौका खुद दूँ ।

चलते -चलते तुमसे सब कह दूँ ,

प्यार करने का एक मौका खुद को दूँ।

एक पल तेरे संग रुक के ,

आज खुद को मैं चौंका दूँ।

हमने तो यही सुना था ,

कि चलने का ही नाम जिंदिगी ,

पर तेरे संग रुका जब कुछ पल ,

तो पता चला कि क्या हैं बंदगी।

चलने कि रफ़्तार बहुत है ,

साँसों कि तेज धार बहुत है ,

रुकना तेरे संग और चाहता हूँ ,

जीना कुछ पल और चाहता हूँ ,

पर वक्त कि तेज मार बहुत है।

मैं तो था वीरान खड़ा ,

यह जीवन था वीरान पड़ा।

साँसों को थोड़ा चाहने पर ,

खुद को थोड़ा अपनाने पर ,

एक हसीन मुलाकात हुई ,

खुद से शुरू फिर बात हुई।

आज खुद को जितना जाना ,

उतना मैंने खुद को पहचाना।

तेरे संग का सफर है जारी ,

रोना -हंसना बारी-बारी ,

तुम ने कितना कुछ दिया है ,

ज़हर कई बार पीया है ,

फ़रेबी इस ज़माने कि हकीकत से ,

रूबरू मुझको फिर किया है।

चलते -चलते जाने कब कांपे पग,

दौड़ते -दौड़ते छूटे पीछे जग।

फिर मेरी तन्हाई ने ,

खुद से खुद कि लड़ाई ने ,

एहसास किया , तुझे याद किया ,

सांसो ने मेरी फ़रियाद किया।

चलते चलते फिर रुका ,

नीचे की ओर मैं फिर झुका।

हवा के एक झोंके ने , ऊपर फिर मुझको उठा दिया ,

नीचे गिरने से फिर बचा लिया।

सोचा तुमको कुछ तोहफा दूँ ,

जीने का खुद को फिर एक मौका दूँ।

----

17. रास्ते

हर सफर पर चलने से पहले ,

वादा मंज़िल से करने से पहले ,

घर के बाहर निकलने से ,

मंज़िल तक साथ निभाते ,

बिना रुके , बिना थके,हरदम चलते, हरदम तैयार

मेरे साथी ,मेरे वास्ते ,

यह काले, पथरीले ,सख्त से दिखनेवाले - यह रास्ते।

मन में संकल्प से शुरू हो जाते विकल्प ,

सदैव जाने को तत्पर ,

हो चाहे अंजान डगर ,

हर राही की राह जोते ,

मंज़िल को पाने तक ,

हर मन की तह तक पहुँचते ,

यह सूखे ,बंजर से दिखते ,रास्ते।

सही गलत में अंतर नहीं रखते ,

सदा ले जाते, जहाँ वो मंजर ,

साथ सदा ही निभाते ,

यह अंजान- बेज़ान से दिखते रास्ते।

इनके मन में नहीं कोई छल,

संग सदा , कितने यह निश्चल ,

कितनी विचित्र होती है - यह सड़क,

यह पगडण्डी यह रास्ते ।

हर पथ पर अड़ीखम ,

रौंदे जाने को हरदम।

मंज़िल तय होती ही ,
हो गए तैयार चलने ,
बिना थके , बिना रुके ,
यह पथरीले रास्ते ।
किसी से नहीं कोई भेद भाव ,
रखते सब से समभाव,
नहीं कोई अनावश्यक संवाद ,
फर्क नहीं ,कोई तर्क नहीं ,
हँसते गाते, रोते-मनाते,
बस चलते ही जाते ,
निरंतर , अपनी मंज़िल तक ,
पहुंचने को हरदम तत्पर ,
सदा साथ आते और जाते ,
यह सड़क यह रास्ते ।
पथिक अदना सा छोटा या भीम-सा मोटा ,बड़ा ,
हो घुड़सवार या पैदल सवार ,चाहे हो किनारे खड़ा ;
सब को अपनेपन से ,प्यार बांटे,
यह पगडण्डी , यह रास्ते।
भेद नहीं कोई जात -पात का ,
कोई फर्क नहीं दिन -रात का ,
सदैव सेवा में तत्पर रहते ,
यह मंज़िल के रास्ते।
कर अंकित नाम औरों का खुद पर ,
सर्वस्व अपना अर्पित करके भी,
बिना रुके , बिना झुके ,
अनंत काल से युगों - युगों तक चलते ही जाते
हमदर्द बनके, साथ निभाते , यह सड़क यह रास्ते ।
खुद कड़वे वादों को चख - चख ,
हमारी मीठी यादों को संग रख-रख।

देते पग -पग एक सीख नई , तेरे -मेरे वास्ते ,
यह तेरे मेरे रास्ते।
निष्फल होने पर भी नहीं रुकते ,
समक्ष चट्टानों के भी नहीं झुकते ,
कोई गीले शिकवे नहीं रखते , कभी किसी के वास्ते ,
चाहे कितने भी नए , अपने ही लगते यह रास्ते ।
अनगिनत यादें पिरोये ,अपने में, तेरे मेरे वास्ते ,
तेरे हर कस्मे वादों का साथ निभाए , यह रास्ते।
मातृभूमि से कर्मभूमि तक ,
जन्मभूमि से शमशान भूमि तक ,
हर पल हर घटना में संग रहते ,
आसरा अपने में देते सबको ,
खुले आसमान में खुद बेखबर ,
रात दिन जागते ही रहते , यह सड़क , यह रास्ते।
कितना कुछ सहते , कभी नहीं कुछ भी यह कहते ,
जीवन की अंतिम यात्रा में भी ,
साथ चले तेरे वास्ते , यह बेज़ुबान सड़क यह रास्ते।
निःशब्द होकर भी हर कहानी , इनकी ज़ुबानी ,
यह निराले ,विरले ही हैं , प्रेम के यह रास्ते।
अनंत अनलिखित कथाओं को ,
खुद में समाये , इस दुनिया के वास्ते ,
कितने महान कथाकार हैं , यह नए पुराने रास्ते।

----

18. बार-बार दिल यह चाहे

बार -बार दिल यह चाहे ,
बार बार मेरा दिल गाए,
जन्मदिन तेरा खुशियां लाए ,
तू रहे सदा खुशहाल ,
दिल सदा मेरा यह चाहे।
आंधियां ऐसी आये ,
दुःख के सारे बादल उड़ा ले जाये ,
खुशियों की हो फुहार,
तेरे जीवन में आये बसंत बहार।
प्रफ्फुलित तेरा मन हो जाये ,
आत्मा तेरी नाचे-गाये।
बार -बार दिल यह चाहे ,
बार बार मेरा दिल गाए ,
मिलकर सब नाचे -गाएं ,
हंसी -खुशी की मचे धमाल,
हो तू मालामाल ,
जन्मदिन तेरा खुशियां लाये ,
सारे सुख तू पाए ,
जग सारा करे तुझे सलाम ,
पाए तूने ऊंचे ऐसा मुक़ाम।
हो तेरी हर इच्छा क़बूल ,
हो तू मक़बूल।
आंधियां जितनी आए , नाम तेरा चारों ओर फैलाए ,
आने वाले समय में ,

तू अपने मुक्कद्दर का सिकंदर कहलाये।
तेरे जन्मदिन पर है ये दुआएं ,
अपने समय का तू ,
मुक्कद्दर का सिकंदर कहलाये।

----

19. एक मोहलत -दो पल की

ऐ मशरूफ़ ज़िन्दगी ,तुझसे है एक इल्तज़ा ,
एक मोहलत तू दे जा - दो पल की, कर लूँ तुझसे मैं सजदा।

बैचैनी कुछ दिन से है , चैन कुछ बेचैन सा खुद है ,
दो पल का चैन तू ले ले , जीने का यही फलसफा।

ऐ मशरूफ़ ज़िन्दगी ,तुझसे है एक इल्तज़ा ,
एक मोहलत जो तू दे दे - दो पल की, चंद साँसे मैं भर लूँ ,
बंद आँखों को करके , महसूस मन को कर लूँ।

आहिस्ता -आहिस्ता साथ चलने का था इरादा ,
रिश्ता तुझ संग बना के,जीवनभर साथ जीने का करूँ मैं वादा ।

तुझे पाना मंज़िल तो न थी ,
इस सफर में सदियों तक, तेरे संग चलते जाने की एक छोटी सी
ख्वाहिश बस थी।

तेरी अहमियत मालूम है मुझको ,
इस मशरूफियत का फिर क्यों बहाना।

रात बहुत है लम्बी , साथ तेरा है पाना ,
सुबह उठके , इश्क़ तुझसे लड़ाना।

दे दो पल की मोहलत ,एक चाय का प्याला।

तेरे संग बैठकर ,कुछ गुफ़्तगू है करना,

फुरसत के दो पल में कुछ तुम को है सुनना,

अख़बार में आँखे छुपाके ,पढ़ना खबरे तो एक बहाना ,

देना हिदायतें वो , तेरा कशीदे बुनना ,

वो मीठी सी हंसी , वो आँखों से इशारे ,

दिल करता है कभी ख़त्म न हो वो चाय के प्याले।

वो इशारों में कहना ,

वो तेरा ख़ामोश रहना,

वो सुबह के सूरज , चढ़ते ही जाते ,

वो घड़ी के दो कांटे , तेज चक्कर है काटे।

ऐ मशरूफ़ ज़िन्दगी ,तुझसे है एक इल्तज़ा ,

एक मोहलत तू दे जो - दो पल की, कर लूँ तुझसे मैं सजदा।

वो मीठी सी हंसी ,वो आँखों के इशारे ,

दिल चाहता है ,कभी ख़त्म न हो तुझसे यह बातें ,

इन बातों के संग फुर्सत के दो पल और यह चाय के प्याले।

तेरे इश्क़ के हैं अंदाज़ निराला ,

वो चुपचाप रहके , मेरे नज़दीक आना ,

वो मुलाकातों के दौर , वो वो हंसना -हँसाना।

नई पीढ़ियो संग , वो पुराने गीत गाना।

वो तेरा दो पल चुराना , वो सीढ़ी चढ़ना , तेरा ऊपर आना।

वो सफाई करते -करते ,मेरी और घूम जाना।

वो पंखो की हवा , में मेरे पन्ने उड़ाना ,

वो तेरी आशिकी ,वो सफाई के बहाना।

ऐ मशरूफ़ ज़िन्दगी ,तुझसे है एक इल्तज़ा ,

एक मोहलत तू दे जो - दो पल की, कर लूँ तुझसे मैं सजदा।

मेरे लिए तेरा खाना बनाना ,

वो रसोई से तेरा ,मुझे आवाज़ लगाना ,

वो कुकर की सिटी का बजना बजाना ,

वो आटे के हाथो, तेरी ज़ुल्फ़ों को सजाना ,

वो तेरी दो आँखों का यूँ मुस्कराना।

कभी सब्ज़ी का पकने पर मुझको बुलाना ,

नमक चखने का करके बहाना।

वो ख़ुशी का इज़हार , वो तेरा प्यार ,

बहुत मुझको हैं भाता , वो तेरा दीदार।

दिल चाहता हैं कभी ख़त्म न हो ये मीठी तकरार।

ऐ मशरूफ़ ज़िन्दगी ,तुझसे है एक इल्तज़ा ,

एक मोहलत तू दे जो - दो पल की, कर लूँ तुझसे मैं सजदा।

एक मोहलत तू दे जो - दो पल की, कर लूँ तुझसे मैं सजदा।

20. कुछ फ़न अभी बाकि है

कुछ फ़न अभी है बाकि दिखाना ,
तुझ से बड़ा कौन है फनकार ज़िन्दगी।
तुझ संग है एक जमाना , एक पल में ,
तुझसे किसकी तेज है रफ़्तार,ज़िन्दगी।
नींद में मैंने करवट ही ली थी अभी ,
दिखा बड़ा अंधकार रात में, ऐ ज़िन्दगी ।
तुझ से बड़ा कौन है फनकार ज़िन्दगी,
दूजी करवट में कट जाएगी यह रात,
उठने पर सवेरा ,मददगार है ज़िन्दगी।
अंधेरों में ख़्वाब बन जा चिराग ,क्यूंकि
सुबह रोशन होंगे कई आफताब , ऐ ज़िन्दगी।
कुछ फ़न अभी बाकि है दिखाना ,
कुछ अफ़साने हैं बाकी सुनना ,
कुछ गाने अभी बाकि हैं गुनगुनाना ,
कुछ नए ख़्वाब बाकि है सजाना ,ऐ ज़िन्दगी ।
नज़ारों से इश्क़ कुछ करना है बाकी ,
आँखों से दर्द की शिकायत है बाकि ,ऐ ज़िन्दगी।
तुझ संग खुद बहका है ज़माना ,
तेरी खुशबुओं से महका है एक ज़माना ।
खुशबुओं से कहो हवा से इश्क़ करके ,
मुझसे पतझड़ का ना करे बहाना ,ऐ ज़िन्दगी ।
मायूस न हो दिल पर चोट खाकर ,
क्यूंकि कुछ मुस्कराहटों का बाकिहै आना , ऐ ज़िन्दगी ।
सफर लम्बा है , लग रही प्यास ,

थक रहा मन है ,पर बाकि है जीने की आस।

उलझ रही रिश्तों की डोर , खिंच रहे रिश्ते हर ओर ,

पर खुद से करनी बंदगी , अभी बाकि है ज़िन्दगी।

समझदार हर शख़्स हो रहा ,कशीदे खुद अपने ही बुन रहा ,

पर तेरे संग कुछ बेवकूफियां , करना अभी बाकि है ज़िन्दगी।

शोर हर ओर ,सच्चा हो रहा ,

हालात , मुश्किलों का दौर हो रहा ,

पर खुद से ईमान की करनी बात, अभी बाकि ऐ ज़िन्दगी।

बरसात का मौसम जा चुका ,

ज़लज़लों का दौर आ चुका ,

पर जलते -जलते भी कुछ ठंडक का अहसास बाकि है ज़िन्दगी।

--- ----------

21. नवचेतना जीवन की

ऐ बारिश की छोटी बूंदों , रचना हो तुम सावन की ,

आस हो हम जान-जान की ,नव चेतना हो तुम जीवन की ।

ऐ बारिश की छोटी बूंदों ,प्यास बुझाओ हम सब की ,आस हो तुम

हम सब की ;

हो चाहे भूखे -प्यासे नर-नारी , या हो तरुवर और फुलवारी।

नवचेतना का संचार करो , तुम ,

जीवन की हाहाकार हरो तुम।

ऐ बारिश की छोटी बूंदों , रचना हो तुम सावन की ,

आस हो तुम जन-जन की ,नव चेतना हो तुम जीवन की ।

आरम्भ करो तुम नवजीवन की,

प्रारम्भ करो तुम परिवर्तन की।

पेड़ -पौधे ,पुष्प-पवन हैं जीवन का आधार

उनमे जीवन का साँचार करो तुम ।

जीवन का हाहाकार हरो तुम,

नवचेतना का संचार करो तुम।

आधार तुम ही हो जान -जान का ,

प्रार्थना यह स्वीकार करो तुम ।

जीवन को अपरम्पार करो तुम, नवयुग का आगाज़ करो तुम।

प्यासा सागर रह जाता,अपनी सरिता से मिलने को ,

नदियों को जल बम्बाकार करो तुम प्रबल मेघ मल्हार करो तुम।

प्रचंड वेग मिले सरिता को ,

प्रबल प्रवेग प्रदान करो तुम।

धरती प्यासी, अम्बर प्यासा ,

प्यासे जन-जन , प्यासा यह मन।

ऐ बारिश की छोटी बूंदों , जल का न्यास करो तुम ,
सजीव होंगें निर्जीव सभी, वसुंधरा को चिरंजीव करो तुम।
अमरप्रेम के संगीत की नयी धुन बुनो तम ,
अनुपम प्रेम का आगाज़ करो तुम।
सागर-सरिता के मिलने को नवचेतना से भरो तुम ,
युगांधर तुम ही ,नवसृजन का उद्घोष करो तुम।
हर युगल को राह प्रेममिलन की ,
ऐ बारिश की छोटी बूंदों , तृप्त करो इस मृगतृष्णा को ,
नवचेतना हो तुम जीवन की परिपूर्ण करो , सम्पूर्ण करो तुम।
यह विशाल पर्वतपुत्र अडिग ,दिखे विचलित से ,जननी बनकर
उद्धार करो तुम इनका ,जल वर्षा कर यह परोपकार करो तुम,
इनके स्नान के मुहूर्त का निर्माण करो तुम इनका जल संस्कार
करो तुम।
पुत्र दुलार करो तुम , इन पर जल की फुहार करो तुम ,
नवचेतना हो तुम जीवन की, नवजीवन का संचार करो तुम , शुभ
यह संस्कार करो तुम।
जल है प्राण सभी जीवो का , अन्नजल संस्कार है , अधिकार
धरतीपुत्र का ,
इन में प्राण संचार का अधिकार प्रभु का ,
निर्जीव हैं दोनों ही तुम बिन ,
तुम जीवनदाता सब की, इनका दुलार करो तुम,
नव चेतना का संचार करो तुम ।
ऐ बारिश की छोटी बूंदों , अन्नदात्री में प्राण भरो तुम ,
यह जीवन दान करो तुम।
ऐ बारिश की छोटी बूंदो , नवचेतना का प्रसार करो तुम , जीवन
का उद्धार करो तुम।
मेघ गरज के आगाज़ कर रहे ,
राजे-रजवाड़े देखो खड़े डोल रहे ,
अब चक्रवर्ती सम्राट तुम ही हो ,

सूर्य से सुशोभित ललाट तुम्हारा ,

हवा तीव्र गति से दौड़े , आकाशवाणी बोले ,

अब इस सृष्टि के सम्राट तुम ही हो।

ऐ बारिश की छोटी बूंदो , बरसो तुम ,

इस अश्वमेध को , इस जीवन को पूर्ण करो तुम ,

पीयूषपाणि हो तुम जीवन की ,जीवन को अमर करो तुम ,

पूर्ण करो इस यज्ञ को , संपूर्ण करो तुम।

तुम बिन हो रही बेरंग यह धरा ,

फूल पत्तियों के बगैर ,तरु यूँ खड़ा।

इस प्रकृति को सुरूप करो तुम, तितलियों सा रंग भरो तुम ,

कौवों की इस करकस ध्वनि को , पीहू-पीहू का गान करो तुम।

ऐ बारिश की छोटी बूंदो , नवचेतना हो तुम इस जीवन की ,

चैतन्य से इसे भरो तुम।

22. युग का भुक्कड़ (व्यंग्य)

यह कौन सा युग है भाई , यहाँ हर ओर नज़र आती हैं बुराई ,

चाहे हो घर के भीतर या बाहर गली का नुक्कड़ ,

हर जगह पर खड़ा दिखे यहाँ -- एक भुक्कड़।

नज़र यहाँ जो भी दोस्त आये ,

ग़ोश्त एक-दूसरे का खाये।

कोई प्रेम से लुटे है ,

इकठ्ठे करने में बाकि जुटे हैं।

हर रोज़ पनपे यहाँ नए रिश्ते ,

जिनके मोल बहुत ही सस्ते ।

हर गली में है एक दादा ,

और हर घर मैं एक भाई।

यह कौन सा देश है भाई ,

यहाँ हर शख़्स नज़र आता है कसाई।

यहाँ हर घर में दमदार लुगाई ,

हर शोहर की कम पड़ रही है कमाई।

लोगों में यहाँ लगी है होड़ , धन को पकडे ,दे अपनों को छोड़।

हर शख़्स कम खाता है, पर दूसरे को धमकाता है।

कोई तो बताए, किस चीज़ की है होड़, कहाँ जा कर रुकेगी अब

यह अंधी दौड़।

यहाँ हर बाजार में मची है देखो खलबली ,

ढूंढ़ने चले तो हर गली में खड़ा एक खली।

चाहे हो कोई मकान, दुकान ,इलाका ,

चारों ओर से पड़ रहा शरीफों पर डाका।

दोष किसे दें , किसकी करें तारीफ,हो चाहे बच्चा ,बूढ़ा या काका।

यह कौन सा युग है भाई , यहाँ हर ओर नज़र आती है बुराई ,

चाहे हो घर के भीतर या बाहर गली का नुक्कड़ ,

हर जगह पर खड़ा दिखे यहाँ -- एक भुक्कड़।

बच्चों में उम्र से पहले दिखे समझदारी, पर हर बूढ़े के अंदर नाच रहा है बन्दर।

जन -जन को यहाँ मोटापे का चढ़ा बुखार,

फिर भी रिश्वत खाकर , नहीं लेता कोई डकार।

यह कौन सी है बस्ती, जहाँ सब कुछ हैं महंगा , पर जान है सबसे सस्ती।

काला धन , बेईमानी मिटाने के चक्कर में चले गए कई राज ,

उनको वापस लाने का करके वादे , कईयों ने पहन लिया फिर ताज।

यह कौन सा है गांव जहाँ जमीन पर नहीं पड़ते पाँव

यह कौन सा है गलियारा , जहाँ चकाचौंध के बीच में छाया हैं अँधियारा।

यह कौन सा युग है भाई , यहाँ हर ओर नज़र आती है बुराई ,

चाहे हो घर के भीतर या बाहर गली का नुक्कड़ ,

हर जगह पर खड़ा दिखे यहाँ -- एक भुक्कड़।

--- ----------

23. होंसला रख अब की बारी ,कर जीत की तैयारी

होंसला रख अब की बारी ,
कर जीत की बस तैयारी।
तेरे जुनून से इस बारी , हारेगी यह दुनिया सारी ।
इरादों को सबके परख , कठिन स्थिति में भी धीरे धीरे सरक।
हिम्मत जहाँ सबकी टूटे ,
हर सहारा पीछे छूटे।
नीचे क्यों हैं पड़ा ,
चल उठ हो खड़ा।
झट से आगे लपक ,
शेर की तरह दुश्मन पर झपट ,
आँखों से लक्ष्य की ओर बढ़ने की कर तू तैयारी ,
तेरी गर्जना आज सुनेगी दुनिया सारी।
होंसला रख अबकी बारी ,
कुछ की बस रख तैयारी।
साँसों में भर हुंकार ,
दुश्मन को तू ललकार।
अपनी सारी ताकत को जोड़ ,
सामने जो हैं दुश्मन , तोड़ दो।
पाँव अपना धरती पर पटक ,
पाताल तक सुने ,तेरी मन की खटक ,
सिर तू उठा, आखें तो दिखा ,
बालों को घुमा , ज़ोर से झटक ,

तेरी नकार में सुना दुनिया को जीत की टंकार।
होंसला रख अब की बारी ,
कर जीत की बस तैयारी।

तेरी नकार में सुना दुनिया को जीत की टंकार।
होंसला रख अब की बारी ,
कर जीत की बस तैयारी।

24. एक और दिन (ग़ज़ल)

एक और दिन दफ़न हो गया , समय की कब्र में ,
एक और मिल का पत्थर ,गुज़र गया ज़िन्दगी की दौड़ में।
सोचता हूँ कितनी लम्बी होगी ज़िन्दगी ,
कहीं शमशान छोटा ना पड़ जाये ,इस ज़िन्दगी की दौड़ में।
ख़्वाहिशों के क़त्ले आम हो चुके हैं ,
ज़नाज़ों के भी अपने मुकाम हो चुके हैं।।
यहां रात का सुकून भी , दौड़ता है पीछे इस कदर ,
मानो दिल-ऐ -चैन के क़त्ले आम हो चुके हैं।।
दिन के उजालों की चकाचौंध में ,अक्सर रास्ता भूल जाता हूँ अपने
मकान का ,
क्यूंकि हर तरफ बेशुमार निशान हो चुके हैं।।
नज़रों ने तो दिन को देखना ही छोड़ दिया है,
क्यूंकि आँखों के धोखे दिन में आम हो चुके हैं।।।
हर दिन एक नया अफ़साना बनता है,
फिर रात को वही बेगाना सा लगता है।
एक और दिन दफ़न हो गया ,समय की कब्र में
एक और मिल का पत्थर ,गुजर गया ज़िन्दगी की दौड़ में।
फिर एक याद गुनगुनाएगी रात ,
क्यूंकि काशिदों में अपने नाम ,आम हो चुके हैं।
कितना लम्बा ,यह खामोश लम्हा , गुनगुनाएगी सन्नाटों की यह
रात ,
और मीलों पैदल ले जाएगी यादों की बारात।
कलम लिए हाथ में , नींद लिए साथ में , चलते रहें ख़्वाब में ,
एक याद में तो वफाओं का नाम निकलेगा ,

इस बार तो उनका दुआ सलाम निकलेगा।।

हम तो भूल ही गये थे चलते-चलते ,

एक दिन यूँ ही बिछड़ना है मिलते-मिलते।

आसमान भी कितना नीला और मायूस चल रहा रातों में ,

लगता है , इस बार उनसे मिलना ना होगा ज़ज्बातों में।

कह देना दरिया के किनारों से ,

की हमें आवाज़ ना देना झूलती मीनारों से।

दिन भी भटकते -भटकते आख़िर पहुँच ही जाता है वहां ,

सुकून बड़ा मिलता है इन लम्बी रातो में।

मील के एक और पत्थर पर ,

ज़िन्दगी फ़िर रुकी ,एकबार थककर।

ज़माने के एक घूँट जहर को पीकर ,

चल पड़ी तन्हा रात फिर जीकर।

यह सफ़र थकने का नाम ही नहीं लेता ,

हमसफ़र के मिलने का पैगाम ही नहीं देता।

एक और दिन दफ़न हो गया , समय की कब्र में ,

एक और मील का पत्थर ,गुज़र गया ज़िन्दगी की दौड़ में।

यह इस कविता-संग्रह का अंत नहीं हैं। पाठक एवं श्रोता इसे शुरुआत समझे।

अगली पुस्तक अगला कविता संग्रह - " मेरा गांव " शीर्षक से संकलित की जा रही हैं।

मैं आशा करता हूँ ।, आप सभी को जल्द ही प्रेषित कर सकूंगा।

कविताओं की प्रेरणा जीवन के किसी भी भाग से मिल सकती हैं , बशर्ते आप ईमानदार हैं अपनेआप से।

मैं अपनी कविताओं के जरिये आप से मिलता रहूँगा । आप का स्नेह एवं आशीर्वाद यूँ ही मिलता रहे।

संदीप सवितप्रकाश शर्मा

अनुक्रमणिका